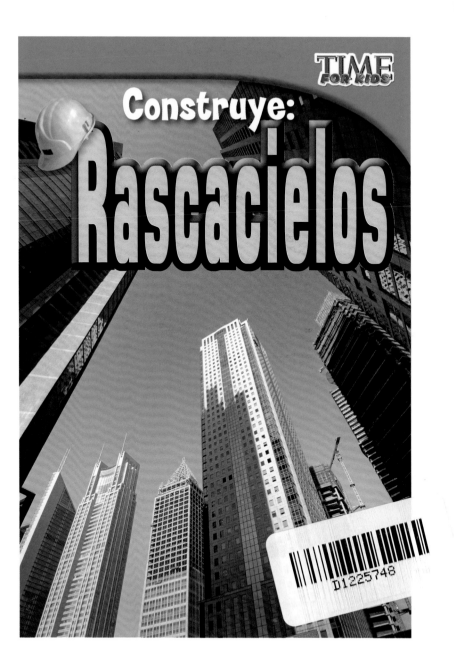

Construye:
Rascacielos

TIME FOR KIDS

Madison Spielman

Asesor

Timothy Rasinski, Ph.D.
Kent State University

Créditos

Dona Herweck Rice, *Gerente de redacción*

Robin Erickson, *Directora de diseño y producción*

Lee Aucoin, *Directora creativa*

Conni Medina, M.A.Ed., *Directora editorial*

Ericka Paz, *Editora asistente*

Stephanie Reid, *Editora de fotos*

Rachelle Cracchiolo, M.S.Ed., *Editora comercial*

Créditos de las imágenes

Cover & p.1 Robert Churchill/iStockphoto; p.3 Dudarev Mikhail/Shutterstock; p.4 BarlomiejMagierowski/Shutterstock.com; p.5 Danger Jacobs/Shutterstock; p.5 Ilja Mašík/Shutterstock; p.6 Amok.lv/Shutterstock; p.8 left: Losevsky Pavel/Shutterstock; p.8 right: The Granger Collection, New York; p.9 ekash/iStockphoto; p.10 Leungchopan/Shutterstock; p.11 Auremar/Shutterstock; p.11 Trinacria Photo/Shutterstock; p.11 Edwin Verin/Shutterstock; p.12 Elena Aliaga/Shutterstock; p.13 Dainis/Shutterstock; p.13 Cobalt88/Shutterstock; p.13 DRGill/Shutterstock; p.14 Rick Nease-Illustrator/TFK; p.15 Morgan Lane Photography/Shutterstock; p.15 Rick Hyman/iStockphoto; p.16 Zelfit/Shutterstock; p.16 Kenneth V. Pilon/Shutterstock; p.17 Rick Nease-Illustrator/TFK; p.18 joyfull/Shutterstock; p.19 Rick Nease-Illustrator/TFK; p.20 Dreamstime; p.20 Robert J. Beyers II/Shutterstock; p.21 Rick Nease-Illustrator/TFK ; p.22 Gina Sanders/Shutterstock; p.23 lisegagne/iStockphoto; p.23 Marje Cannon/iStockphoto; p.24 LWA/Larry Williams/Getty Images; p.24 Photolibrary; p.25 Wilfried Krecichwost/Getty Images; p.26 Lee Aucoin-Illustrator; p.27 Matt Grant/Shutterstock; p.27 gary718/Shutterstock; p.28 top to right bottom to right: Rick Nease-Illustrator/TFK; Rick Nease-Illustrator/TFK; Dainis/Shutterstock; Rick Nease-Illustrator/TFK; Losevsky Pavel/Shutterstock; Rick Nease-Illustrator/TFK; eungchopan/Shutterstock; back cover: Dainis/Shutterstock

Basado en los escritos de *TIME For Kids*.

TIME For Kids y el logotipo de *TIME For Kids* son marcas registradas de TIME Inc. Usado bajo licencia.

Teacher Created Materials

5301 Oceanus Drive
Huntington Beach, CA 92649-1030
http://www.tcmpub.com

ISBN 978-1-4333-4447-3

© 2012 Teacher Created Materials, Inc.

Tabla de contenido

Espacio para millones

En las ciudades más grandes del mundo viven y trabajan millones de personas.

¿Hay espacio suficiente para esas personas? ¿Dónde viven? ¿Dónde trabajan?

Hace mucho tiempo, las grandes ciudades comenzaron a llenarse demasiado. Fue necesario encontrar espacio para todos. Como ya no había espacio para construir *sobre* el suelo, decidieron construir *hacia* el cielo.

Ascensores

Al principio, no podían construir edificios muy altos. La gente no podía subir tantas escaleras. Fue entonces cuando inventaron el **ascensor**. Así, las personas podían llegar fácilmente al piso más alto de un edificio.

De esta manera nacieron los primeros **rascacielos**.

¿Qué es un rascacielos?

Un rascacielos es un edificio que parece tocar el cielo. Tienes que alzar mucho la vista para distinguir la punta del edificio.

Para tener esa altura, los rascacielos deben ser muy resistentes. Hace tiempo, la gente no sabía cómo construir edificios tan sólidos. Ahora sabemos cómo.

Cómo se construye
un rascacielos

Primero, se usan máquinas
para excavar un agujero grande
y profundo.

En ese agujero se construye
una estructura de acero y
concreto. Estos son los
cimientos.

Para que sea firme, un rascacielos debe tener cimientos anchos y fuertes.

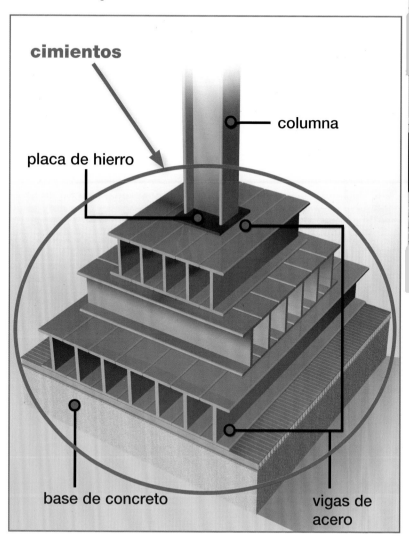

cimientos

columna

placa de hierro

base de concreto

vigas de acero

Los cimientos sostienen al rascacielos e impiden que se mueva.

Después, se colocan altas **vigas** de acero verticales que salen de los cimientos. Estas vigas sostienen el peso del rascacielos y el resto del edificio se une a las vigas.

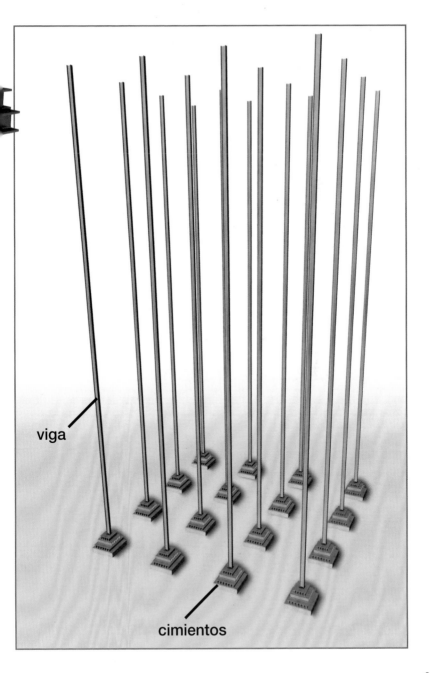

viga

cimientos

El siguiente paso es añadir los pisos. Se agregan más vigas de acero horizontalmente entre las altas vigas verticales, llamadas **vigas centrales**. Las vigas centrales sostienen los pisos y las vigas verticales sostienen las vigas centrales.

Los obreros deben tener cuidado al trabajar a gran altura en las estrechas vigas centrales.

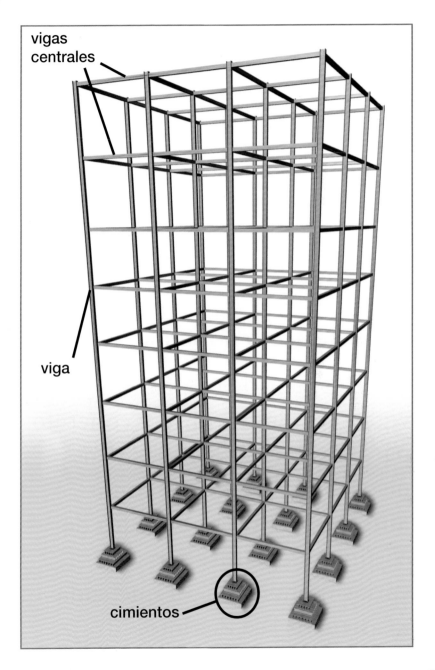

vigas
centrales

viga

cimientos

19

ZONA DE
CONSTRUCCIÓN

Después de colocar las
vigas, se añade vidrio y concreto
para formar las paredes y los
pisos. Esto se conoce como
muro de cortina. El muro de
cortina puede diseñarse de
varias maneras, para que cada
rascacielos sea distinto.

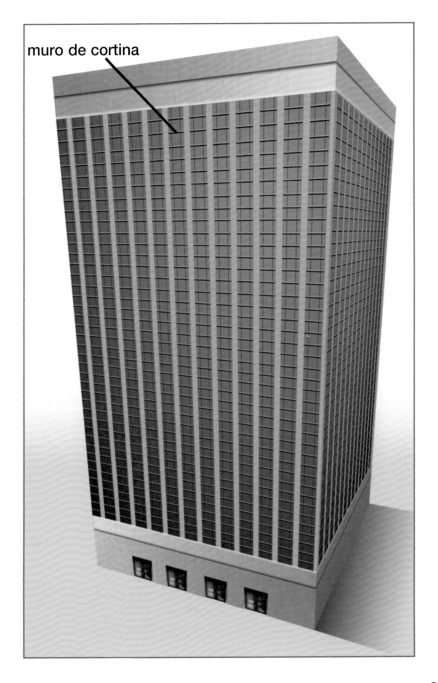

muro de cortina

¿Qué hay dentro de un rascacielos?

Casi siempre, los rascacielos son lugares donde las personas trabajan. En un mismo rascacielos pueden estar las oficinas de varias empresas. El rascacielos permite que las empresas estén cerca de una ciudad muy poblada.

Pero en los rascacielos
también puede vivir gente.

Las familias que habitan
en los rascacielos comparten
el edificio con muchas familias
más. Cada familia tiene su
propio hogar en el rascacielos.

En un rascacielos, tú podrías vivir en el piso 10 y tu mejor amigo en el piso 23. Sin embargo, ¡estarían en el mismo edificio!

Los rascacielos más altos

¿Qué tan alto puede ser un rascacielos? No se sabe. Siempre hay alguien que quiere construir un rascacielos más alto de los que ya existen.

Algunos de los rascacielos más altos en el mundo

| 1,450 pies **Torre Sears,** Chicago | 1,483 pies **Torres Petronas,** Malasia | 1,587 pies **International Commercial Center,** Hong Kong | 1,613 pies **Centro financiero mundial,** Shanghai | 2,715 pies **Burj Khalifa,** Dubai |

Torre Sears

Torres Petronas

Cuando se construyó el edificio del Empire State, la gente creyó que no podría existir un edificio más alto. Ahora, la Torre Sears en Chicago y las Torres Petronas en Malasia son mucho más altas.

Glosario

ascensor

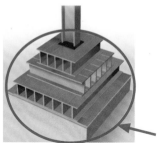

cimientos

concreto

muro de cortina

rascacielos

vigas

vigas centrales